Amazing Smoker

Oven Kochbuch

Unverzichtbare Und Fantastische Rezepte, Um Die Kunst Des Räucherns Zu Meistern Und Leckere Mahlzeiten Mit Ihren Freunden Zu Genießen

John Carter - Allan Kuhn

© Copyright 2021 – John Carter - Alle Rechte vorbehalten.

Der inhaltlich in diesem Buch enthaltene Inhalt darf ohne direkte schriftliche Genehmigung des Autors oder des Verlages nicht vervielfältigt, vervielfältigt oder übertragen werden.

Unter keinen Umständen wird dem Herausgeber oder Autor eine Schuld oder rechtliche Verantwortung für Schäden, Wiedergutmachung oder finanzielle Verluste aufgrund der in diesem Buch enthaltenen Informationen zuschieben. Entweder direkt oder indirekt.

Impressum:

Dieses Buch ist urheberrechtlich geschützt. Dieses Buch ist nur für den persönlichen Gebrauch bestimmt. Sie dürfen ohne die Zustimmung des Autors oder Herausgebers keinen Teil oder den Inhalt dieses Buches ändern, verteilen, verkaufen, verwenden, zitieren oder paraphrasieren.

Haftungsausschluss:

Bitte beachten Sie, dass die in diesem Dokument enthaltenen Informationen nur zu Bildungs- und Unterhaltungszwecken dienen. Alle Anstrengungen wurden unternommen, um genaue, aktuelle und zuverlässige, vollständige Informationen zu präsentieren. Es werden keine Garantien jeglicher Art erklärt oder impliziert. Die Leser erkennen an, dass der Autor keine rechtliche, finanzielle, medizinische oder professionelle Beratung leistet. Der Inhalt dieses Buches stammt aus verschiedenen Quellen. Bitte konsultieren Sie einen lizenzierten Fachmann, bevor Sie die in diesem Buch beschriebenen Techniken versuchen.
Durch das Lesen dieses Dokuments stimmt der Leser zu, dass der Autor unter keinen Umständen für direkte oder indirekte

Verluste verantwortlich ist, die durch die Verwendung der in diesem Dokument enthaltenen Informationen entstehen, einschließlich, aber nicht beschränkt auf Fehler, Auslassungen oder Ungenauigkeiten.

Inhaltsverzeichnis

EINLEITUNG 11

GRILL 13

   FRÜHSTÜCK 14
      Gewürzter Lammburger 14
      Basilikum-Ingwer Shrimp Burger 16
   MITTAGESSEN 19
      Butter Basted Porterhouse Steak 19
      Gesalzenes geräuchertes Brisket 21
      Geschmortes mediterranes Rindfleisch Brisket 23
   ABENDESSEN 26
      Doppelt geräucherter Schinken 26
      Hickory-geräucherter Schweinelende tip Roast 28
   SCHNELLIMBISSF 30
      Holzpellet Spicy Brisket 30
      Mais- und Krabbenkuchen 33
   DESSERTS 36
      Gegrillter Mais mit Honig und Butter 36

ELEKTRISCHER SMOKER 38

   FRÜHSTÜCK 39
      Geriebener Lachs 39
      Mais gefüllte Zucchini 41
      Hummerschwänze 43
   MITTAGESSEN 45
      Lemony Salsa über geräuchertem Lachs 45
      Veggie gefüllter Räucherlachs 48
   ABENDESSEN 50
      Lammkeule im griechischen Stil 50
      Einfache gegrillte Lammkoteletts 53
      Gebratene Lammkeule 55
   SCHNELLIMBISSE 58
      Mandelmehl Brot 58
   DESSERTS 60
      Gegrillter Apfelkuchen 60
      Birne und Feige auf dem Kopf stehender Kuchen 62

CAMPING 65

FRÜHSTÜCK 66
   Einfach gegrilltes Hähnchen 66
   Leckeres Hühnchen Satay 68
MITTAGESSEN 71
   Gehärteter Truthahn Drumstick 71
   Scharfe Sauce Geräucherter Truthahn Tabasco 74
   Heckklappe rauchte junge Türkei 77
ABENDESSEN 79
   Geräuchertes Hähnchen 79
   Gegrillte asiatische Hähnchenburger 82
SCHNELLIMBISSE 86
   Geräuchertes Rindfleisch Brisket mit Moppsauce 86
DESSERTS 88
   Erbed Mischsalz 88
   Klassische BBQ Rub 89

HOLLÄNDISCH 91

FRÜHSTÜCK 92
   croutons 92
   Süßkartoffelkeile 94
   Käse Lings 96
MITTAGESSEN 98
   Kurkuma Pilz 98
   Cremiger Fenchel 100
ABENDESSEN 101
   Schnelle Paella 101
   Luftfritteuse Lachs 103
   Süße und herzhafte panierte Garnelen 104
SCHNELLIMBISSE 107
   Artischocken-Pommes 107
DESSERTS 109
   Krustenlose Drei-Fleisch-Pizza 109
   Knoblauch Käse Brot 111

GUßEISEN 113

FRÜHSTÜCK 114
   Geräucherter Brokkoli 114
   Geräucherte Pilze 2 116
MITTAGESSEN 118
   Entenbrüste 118
   Wildsteaks 120
ABENDESSEN 123
   Gegrillte Erdbeeren 123
   Geräucherte Crêpes 124

SCHNELLIMBISSE	126
Spinatsalat mit Avocado und Orange	*126*
Frischer Cremmais	*128*
DESSERTS	130
Lachs mit Pistazienrinde	*130*
Brombeerkuchen	*132*

Einleitung

Vielen Dank für den Kauf von **Amazing Dutch Oven Kochbuch : Unverzichtbare Und Fantastische Rezepte, Um Die Kunst Des Räucherns Zu Meistern Und Leckere Mahlzeiten Mit Ihren Freunden Zu Genießen.**

Diese kulinarische Technik ist nichts anderes als die Entwicklung eines primitiven Bedürfnisses von Höhlenmenschen, die trotz sich selbst erkannten, dass das Essen toter oder getöteter Tiere ohne Kochen des Fleisches sogar tödlich sein könnte.

Diese Menschen waren die ersten, die Fleisch, Fisch und Wurzeln auf dem Feuer kochten, experimentierten, versuchten und verstanden, dass sie durch Kochen einen besseren Geschmack und ein bekömmlicheres Essen erhalten konnten, in der Tat ist diese Art des Kochens mit einigen kleinen Geräten bisher angekommen, die durch Evolution und Technologie gegeben sind.

Grill

Frühstück

Gewürzter Lammburger

Zubereitungszeit: 5 Minuten

Kochzeit: 5 Minuten

Portionen: 4

Zutaten:

- 1 1/4 Pfund mageres gemahlenes Lamm
- Esslöffel gemahlener Kreuzkümmel
- 1/4 Teelöffel gemahlener Zimt
- 1/2 Teelöffel Salz
- 1/2 Teelöffel frisch gemahlener schwarzer Pfeffer
- Vollkorn-Pitas
- 1/2 mittelgroße Gurke, geschält und in Scheiben geschnitten
- 1/2 Tasse einfache Knoblauch-Joghurtsauce

Wegbeschreibungen:

1.Das Lamm in eine mittlere Schüssel mit Kreuzkümmel, Zimt, Salz und Pfeffer geben. Mischen Sie die Gewürze mit einer Gabel in das Fleisch und formen Sie die Mischung dann mit Ihren Händen zu 4 Bratlingen, die jeweils etwa 1 Zoll dick sind.

2.Drehen Sie den Steuerknopf in die hohe Position, wenn die Grillplatte heiß ist, legen Sie die Burger und kochen Sie für 5 Minuten, ohne umzudrehen. Entfernen Sie die Burger und decken Sie sie ab, um sie warm zu halten. Geben Sie einen Burger in jede Pita, stopfen Sie auch ein paar Gurkenscheiben hinein und löffeln Sie etwas von der Joghurtsauce darüber. Sofort servieren.

Ernährung: Kalorien: 354; Fett: 21g; Eiweiß: 36g; Faser: 2g

Basilikum-Ingwer Shrimp Burger

Zubereitungszeit: 5 Minuten

Kochzeit: 10 Minuten

Portionen: 4

Zutaten:

- große Knoblauchzehe, geschält
- 1 1-Zoll-Stück frischer Ingwer, geschält und
- in Scheiben geschnitten
- 1 1/2 Pfund Garnelen, geschält (und entwendet, wenn Sie möchten)
- 1/2 Tasse leicht verpackte frische Basilikumblätter
- 1/4 Tasse grob gehackte Schalotten, Frühlingszwiebeln oder rote Zwiebeln
- Salz und Pfeffer
- Sesamöl zum Bürsten der Burger
- Sesam-Hamburger-Brötchen oder 8–10 Slider-Brötchen
- Limettenkeile zum Servieren
- Salat, geschnittene Tomaten und andere

- Gewürze zum Servieren (optional)

Wegbeschreibungen:

1.Legen Sie den Knoblauch, Ingwer und ein Drittel der Garnelen in eine Küchenmaschine; Pürieren, bis es glatt ist, und stoppen Sie die Maschine, um die Seiten nach Bedarf abzukratzen. Die restlichen Garnelen, das Basilikum und die Schalotten dazugeben, mit Salz und Pfeffer würzen und zum Hacken hülsen. Zu 4 Burgern etwa 3/4 Zoll dick (oder 8 bis 10 Schieberegler) formen. Auf einen Teller geben, mit Plastikfolie abdecken und mindestens 1 oder bis zu 8 Stunden fest abkühlen lassen.

2.Drehen Sie den Steuerknopf in die hohe Position, wenn die Grillplatte heiß ist, bürsten Sie die Burger auf beiden Seiten mit Öl, legen Sie sie dann auf die Grillplatte - und kochen Sie, bis die Unterseite braun ist und sie leicht lösen, 5 bis 7 Minuten. Vorsichtig drehen und kochen, bis es den ganzen Weg durch undurchsichtig ist, 3 bis 5 Minuten. Legen Sie die Brötchen, mit der Seite nach unten schneiden, auf die

Grillplatte, um zu toasten. Servieren Sie die Burger auf den geösteten Brötchen mit Limettenkeilen, wie sie sind oder gekleidet, wie Sie möchten.

Ernährung: Kalorien: 194; Fett: 21g; Eiweiß: 6g; Faser: 2g

Mittagessen

Butter Basted Porterhouse Steak

Zubereitungszeit: 5 Minuten

Kochzeit: 8 Minuten

Portionen: 4

Zutaten:

- Vier Esslöffel geschmolzene Butter

- Zwei Esslöffel Worcestershire Sauce

- Zwei Esslöffel Dijon-Senf

- Traeger Prime Rib Rub, nach Bedarf

- Zwei Porterhouse Steaks, 1 1/2 Zoll dick

Wegbeschreibungen:

1. Feuern Sie den Traeger Grill auf 2550F. Verwenden Sie die gewünschten Holzpellets und schließen Sie den Deckel und heizen Sie ihn 15 Minuten lang vor.

2.In einer Schüssel butter, Worcestershire-Sauce, Senf und Prime Rib Rub mischen.

3. Massieren Sie das ganze Steak auf allen Seiten. Lassen Sie das Steak vor dem Kochen eine Stunde ruhen.

4.Wenn Sie bereit zum Kochen sind, feuern Sie den Traeger Grill auf 5000F.

5.Auf die Grillroste legen Sie die Steaks und kochen Sie für 4 Minuten auf jeder Seite oder bis die Innentemperatur bei 1300F für mittelseltene Steaks liegt.

6.Vom Grill wegnehmen und vor dem Schneiden 5 Minuten ruhen lassen.

Ernährung: Kalorien pro Portion: 515 Eiweiß: 65.3g Kohlenhydrate: 2.1g Fett: 27.7g Zucker: 0.9g

Gesalzenes geräuchertes Brisket

Zubereitungszeit: 30 Minuten

Kochzeit: 6 Stunden

Portionen: 6

Zutaten:

- 1 Tasse brauner Zucker

- 1/2 Tasse Salz

- Ein flach geschnittenes Brisket

- 1/4 Tasse Traeger Beef Rub

Wegbeschreibungen:

1. Machen Sie die Sole, indem Sie den Zucker und das Salz in 6 Liter heißem Wasser schmelzen.

2. Bei Raumtemperatur abkühlen lassen und das Brisket in die Lösung geben.

3. Legen Sie das Brisket in den Kühlschrank und lassen Sie es 12 Stunden marinieren.

4. Nehmen Sie das Brisket von der Sole und tupfen Sie es dann mit einem Papiertuch trocken.

5. Mit dem Traeger Beef Rub bestreuen und einmassieren, bis alle Oberflächen beschichtet sind.

6. Wenn Sie bereit zum Kochen sind, feuern Sie den Traeger Grill auf 2500F.

7. Schließen Sie den Deckel und erhitzen Sie den Deckel für 15 Minuten.

8. Legen Sie das Brisket auf den Grillrost und kochen Sie 4 Stunden.

9. Nach 3 Stunden verwenden Sie eine Folie und wickeln Sie das Brisket doppelt ein, drehen Sie die Temperatur auf 2750F und kochen Sie weitere 3 Stunden.

10. Packen Sie das Brisket aus und grillen Sie es für weitere 30 Minuten.

11. Nehmen Sie das Brisket vom Grill und lassen Sie es vor dem Schneiden ruhen.

Ernährung: Kalorien pro Portion: 364 Eiweiß: 48,7 g Kohlenhydrate: 16,6g Fett: 11,6g Zucker: 12,3g

Geschmortes mediterranes Rindfleisch Brisket

Zubereitungszeit: 30 Minuten

Kochzeit: 5 Stunden

Portionen: 16

Zutaten:

- Drei Esslöffel getrockneter Rosmarin

- Zwei Esslöffel Kreuzkümmelsamen, gemahlen

- Zwei Esslöffel getrockneter Koriander

- Ein Esslöffel getrockneter Oregano

- Zwei Teelöffel gemahlener Zimt

- 1/2 Teelöffel Salz

- 8 Pfund Rinderbrisket, in Stücke geschnitten

- 1 Tasse Rinderbrühe

Wegbeschreibungen:

1. Rosmarin, Kreuzkümmel, Koriander, Oregano, Zimt und Salz in einer Schüssel mischen.

2.Massieren Sie die Gewürzmischung in das Rindfleischbrisket ein und lassen Sie es 12 Stunden im Kühlschrank ruhen.

3.Wenn Sie bereit zum Kochen sind, feuern Sie den Traeger Grill auf 1800F.

4.Schließen Sie den Deckel und heizen Sie dann 15 Minuten vor.

5.Positionieren Sie das Brisket Fett mit der Seite nach unten auf dem Grillrost und kochen Sie für 4 Stunden.

6.Nach 4 Stunden ändern Sie die Hitze auf 2500F.

7.Kochen Sie das Rindfleischbrisket weiter, bis die Innentemperatur 1600F erreicht.

8.Entfernen und auf eine Folie legen. Crimpen Sie die Enden der Folie, um eine Hülse zu machen.

9.Gießen Sie die Rinderbrühe ein.

10.Geben Sie das Brisket in die Folienhülle zurück und kochen Sie eine weitere Stunde weiter.

Ernährung: Kalorien pro Portion: 453 Eiweiß: 33,5g

Kohlenhydrate: 1g Fett: 34g Zucker: 0,1g

Abendessen

Doppelt geräucherter Schinken

Zubereitungszeit: 15 Minuten

Kochzeit: 21/2 bis 3 Stunden

Portionen: 8 bis 12

Zutaten:

Pellet: Apfel, Hickory

- 1 (10 Pfund) Apfelholz geräuchert, knochenlos, vollständig gekocht, verzehrfertiger Schinken oder geräucherter Schinken mit Knochen

Wegbeschreibungen:

1. Nehmen Sie den Schinken aus seiner Bündelung und lassen Sie ihn 30 Minuten bei Raumtemperatur stehen.

2. Ordnen Sie den Holzpellet-Smoker-Grill für ein nicht direktes Kochen an und heizen Sie auf 180 ° F vor, indem Sie Apfel- oder Hickory-Pellets verwenden, je nachdem, welche

Art von Holz für das zugrunde liegende Räuchern verwendet wurde.

3.Legen Sie den Schinken direkt auf die Grillroste und räuchern Sie den Schinken für 1 Stunde bei 180 ° F.

4.Nach 60 Minuten erhöhen Sie die Grubentemperatur auf 350 ° F.

5.Cooking Zeit der Schinken, bis die Innentemperatur bei 140 ° F ankommt, etwa 1 1/2 bis 2 zusätzliche Stunden.

6.Entfernen Sie den Schinken und wickeln Sie ihn 15 Minuten lang in Folie, bevor Sie entgegen dem Erwarteten schneiden.

Ernährung: Kalorien: 215 k Cal Protein: 21 g Fett: 19 g

Hickory-geräucherter Schweinelende tip Roast

Zubereitungszeit: 30 Minuten

Kochzeit: 3 Stunden

Portionen: 3

Zutaten:

- 1 (11/2 bis 2 Pfund) Schweinefilet-Spitzenbraten
- 2 Esslöffel geröstetes Knoblauch -gewürztes natives Olivenöl extra
- 5 Esslöffel Jan's Original Dry Rub, Pork Dry Rub oder Ihre bevorzugte Schweinefleischreibung

Wegbeschreibungen:

1. Tupfen Sie den Braten mit einem Papiertuch trocken.
2. Reiben Sie den ganzen Braten mit dem Olivenöl. Den Braten mit der Reibung beschichten.
3. Unterstützen Sie den Braten mit 2 bis 3 Silikon-Ernährungsqualität Kochgruppen oder Metzgergarn, um sicherzustellen, dass der Braten während des Kochens seine Form behält.

4.Wickeln Sie die Spitzenröstung in Plastikfolie und kühlen Sie sie mittelfristig.

5.Legen Sie den Braten direkt auf die Grillroste und räuchern Sie den Braten, bis die Innentemperatur am dicksten Teil des Bratens bei 145 ° F, etwa 3 Stunden, ankommt.

6.Braten Sie den Braten 15 Minuten lang unter einem freien Folienzelt ab.

7.Entfernen Sie die Kochgruppen oder das Bindfäden und schneiden Sie den Braten entgegen dem, was erwartet wird.

Ernährung: Kalorien: 276 kCal Eiweiß: 28 g Fett: 12 g

Schnellimbisse

Holzpellet Spicy Brisket

Zubereitungszeit: 20 Minuten

Kochzeit: 9 Stunden

Portionen: 10

Zutaten:

- 2 EL Knoblauchpulver
- 2 EL Zwiebelpulver
- 2 EL Paprika
- 2 EL Chilipulver
- 1/3 Tasse Salz
- 1/3 Tasse schwarzer Pfeffer
- 12 lb. Ganze Packer Brisket, beschnitten
- 1-1/2 Tasse Rinderbrühe

Wegbeschreibungen:

1. Stellen Sie Ihre Holzpellettemperatur auf 225 ° F ein. Bei geschlossenem Deckel 15 Minuten vorheizen lassen.

2. In der Zwischenzeit Knoblauch, Zwiebeln, Paprika, Chili, Salz und Pfeffer in einer Rührschüssel mischen.

3. das Brisket großzügig auf allen Seiten.

4. Legen Sie das Fleisch mit der Fettseite nach unten auf den Grill und lassen Sie es abkühlen, bis die Innentemperatur 160 ° F erreicht.

5. Nehmen Sie das Fleisch vom Grill und wickeln Sie es doppelt mit Folie ein. Bringen Sie es auf den Grill zurück und kochen Sie, bis die Innentemperatur 204 ° F erreicht.

6. Vom Grill nehmen, das Brisket auspacken und 15 Minuten ruhen lassen.

7. In Scheiben schneiden und servieren.

Ernährung: Kalorien: 270 Gesamtfett: 20 g Gesättigte Fettsäuren: 8 g Gesamtkohlenhydrate: 3 g

Nettokohlenhydrate: 3 g Protein: 20 g Zucker: 1 g Ballaststoffe: 0 g Natrium: 1220 mg

Mais- und Krabbenkuchen

Zubereitungszeit: 25 Minuten

Kochzeit: 10 Minuten

Portionen 30 Mini-Krabbenkuchen

Zutaten

- Antihaft-Kochspray, Öl oder Butter zum Einfetten
- 1 Tasse Panko-Brotkrümel, geteilt
- 1 Tasse Mais in Dosen, abgetropft
- 1/2 Tasse gehackte Frühlingszwiebeln, geteilt
- 1/2 rote Paprika, fein gehackt
- 16 Unzen (454 g) Jumbo-Klumpenkrabbenfleisch
- 3/4 Tasse Mayonnaise, geteilt
- 1 Ei, geschlagen
- 1 Teelöffel Salz
- 1 Teelöffel frisch gemahlener schwarzer Pfeffer
- 2 Teelöffel Cayennepfeffer, geteilt
- Saft von 1 Zitrone

Wegbeschreibungen:

1. Versorgen Sie Ihren Räucherofen mit Holzpellets und befolgen Sie das spezifische Anlaufverfahren des Herstellers. Bei geschlossenem Deckel auf 425°F (218°C) vorheizen.

2. Sprühen Sie drei 12-Tassen-Mini-Muffinpfannen mit Kochspray und teilen Sie 1/2 Tasse des Panko zwischen 30 der Muffinbecher, drücken Sie in die Böden und an den Seiten. (Arbeiten Sie bei Bedarf in Chargen, abhängig von der Anzahl der Pfannen, die Sie haben.)

3. In einer mittleren Schüssel den Mais, 1/4 Tasse Frühlingszwiebeln, die Paprika, Krabbenfleisch, die Hälfte der Mayonnaise, das Ei, Salz, Pfeffer und 1 Teelöffel Cayennepfeffer kombinieren.

4. Die restlichen 1/2 Tasse Semmelbrösel vorsichtig unterheben und die Mischung zwischen den vorbereiteten Mini-Muffinbechern aufteilen.

5. Legen Sie die Pfannen auf den Grillrost, schließen Sie den Deckel und räuchern Sie 10 Minuten oder bis sie goldbraun sind.

6. In einer kleinen Schüssel den Zitronensaft und die restliche Mayonnaise, Frühlingszwiebeln und Cayennepfeffer zu einer Sauce kombinieren.

7. Bürsten Sie die Spitzen der Mini-Krabbenkuchen mit der Sauce und servieren Sie sie heiß.

Ernährung: Kalorien: 57 Gesamtfett: 3 g gesättigte Fettsäuren: 1 g Gesamtkohlenhydrate: 6 g Nettokohlenhydrate: 4 g Protein: 4 g Zucker: 2 g Ballaststoffe: 2 g Natrium: 484 mg

desserts

Gegrillter Mais mit Honig und Butter

Zubereitungszeit: 30 Minuten

Kochzeit: 10 Minuten

Portionen: 4

Zutaten:

- 6 Stück Mais
- 2 Esslöffel Olivenöl
- 1/2 Tasse Butter
- 1/2 Tasse Honig
- 1 Esslöffel Räuchersalz
- Pfeffer nach Geschmack

Wegbeschreibungen:

1. Den Holzpelletgrill 15 Minuten lang zu hoch vorheizen, während der Deckel geschlossen ist.

2. Bürsten Sie den Mais mit Öl und Butter.

3.Grillen Sie den Mais für 10 Minuten und drehen Sie sich von Zeit zu Zeit.

4.Honig und Butter mischen.

5.Mais mit dieser Mischung bürsten und mit geräuchertem Salz und Pfeffer bestreuen.

Ernährung: Kalorien 118 Gesamtfett 7,6g

Gesamtkohlenhydrate 10,8g Protein 5,4g Zucker 3,7g

Ballaststoffe 2,5g, Natrium 3500mg Kalium 536mg

ELEKTRISCHER SMOKER

Frühstück

Geriebener Lachs

Zubereitungszeit: 5 Minuten

Kochzeit: 15 Minuten

Portionen: 6

Zutaten:

- 2 Lachsfilets, je 12 Unzen

- 1/3 Tasse Olivenöl

- 1 Teelöffel Petersilie

- 1 Teelöffel Knoblauchpulver

- 2 Teelöffel Meeresfrüchte reiben

- 5 Zitronenkeile zum Servieren

Wegbeschreibungen:

1. Heizen Sie den Grill auf hoch vor, bis sich Rauch etabliert hat.

2. Ein Backblech mit Backpapier auslegen.

3. Legen Sie Lachs mit der Seite nach unten auf die Haut des Backblechs.

4. Das Filet mit Meeresfrüchten würzen.

5. Nehmen Sie eine Schüssel und kombinieren Sie Olivenöl, Petersilie, Knoblauch und legen Sie es für die weitere Verwendung beiseite.

6. Den Lachs mit der Mischung bürsten und auf das Backblech geben

7. Kochen Sie es über dem Grillrost für 15 Minuten, bis die Innentemperatur 140 Grad erreicht.

8. At die Endbürste mit extra Schüsselmischung und mit Zitronenkeilen servieren.

Nutrition-per serv.: Kalorien: 1042; Fett: 32.4g; Kohlenhydrate: 39g; Eiweiß:29g; Natrium: 15mg; Cholesterin: 19mg

Mais gefüllte Zucchini

Zubereitungszeit: 15 Minuten

Kochzeit: 40 Minuten

Portionen: 3

Zutaten:

- 3 mittlere Zucchini (längs halbiert)
- 1 Ei
- 1/2 Tasse Feta-Käse (zerbröckelt)
- 1/3 Tasse zerkleinerter Cheddar-Käse
- 1 Dose Mais
- 1/2 TL Salz
- 1/2 TL gemahlener schwarzer Pfeffer

Wegbeschreibungen:

1. Heizen Sie den elektrischen Smoker auf 275F vor. Die Zucchinisamen und etwas Fruchtfleisch in eine Schüssel schöpfen, Fetakäse, Mais, Ei, Cheddar-Käse, Salz, Pfeffer und Mischen hinzufügen. Löffeln Sie die Mischung in die ausgehöhlte Zucchini.

2.Die gefüllten Zucchinis in den Smoker übertragen und 30 Minuten rauchen, mit mehr Käse belegen und weitere 10 Minuten räuchern oder bis der Käse geschmolzen ist. dienen.

Ernährung: Kalorien: 121 Kohlenhydrate: 14g Fett: 6g Eiweiß: 13.2g

Hummerschwänze

Zubereitungszeit: 5 Minuten

Kochzeit: 25 Minuten

Portionen: 3

Zutaten:

- 10 Unzen je 2 Hummerschwanz
- 10 Esslöffel Butter
- 2 Esslöffel Zitronensaft
- 1 Esslöffel Paprika oder weniger
- 1 Teelöffel Knoblauchsalz
- Schwarzer Pfeffer, nach Geschmack
- 1 Esslöffel frische Petersilie

Wegbeschreibungen:

1. Schneiden Sie die Mitte der Hummerschale in Richtung Schwanz mit Schere.

2. Reißen Sie das Fleisch aus der Schale.

3. Halten Sie es an der Basis des Schwanzes befestigt.

4.Heben Sie das Fleisch auf die Oberseite der Schale und halten Sie es an der Basis des Schwanzes befestigt.

5.Machen Sie einen Schlitz zum Schmetterling, der oben geöffnet wird.

6.Legen Sie den Hummerschwanz auf das Backblech.

7.In Kochpfanne, Butter bei schwacher Hitze schmelzen und alle reibenden Zutaten hinzufügen.

8.Legen Sie einen Esslöffel dieser Mischung auf jeden Hummerschwanz.

9.Den Smokergrill mit geschlossenem Deckel 15 Minuten lang hoch vorheizen.

10.Legen Sie den Hummerschwanz auf den Grillrost und kochen Sie für 25 Minuten.

11.Sobald Sie fertig sind, servieren Sie.

Nutrition-per serv.: Kalorien: 1042; Fett: 32.4g; Kohlenhydrate: 39g; Eiweiß:29g; Natrium: 15mg; Cholesterin: 19mg

Mittagessen

Lemony Salsa über geräuchertem Lachs

Zubereitungszeit: 15 Minuten

Kochzeit: 45-60 Minuten

Portionen: 4

Zutaten:

- 1 TL schwarzer Pfeffer
- 1/2 TL Meersalz
- 2 Limetten, entsaftet
- 1/2 Zitrone, entsaftet
- 1 EL brauner Zucker, wählen Sie den leichteren
- 1 EL. Französisches Basilikum, fein gehackt
- 4 Lachssteaks, knochenlos

Für die Lemony Salsa:

- 2 Tassen fein gewürfelt
- 3 Tassen Papaya, geschält und gewürfelt
- 1 Tasse reife Mango, fein gehackt

- 2 EL Limettensaft
- 2 EL Koriander, fein gehackt
- 1 EL Zucker
- 1/2 TL Salz

Wegbeschreibungen:

1. Nehmen Sie eine ausreichend große Schüssel, um Zitronensaft, Pfeffer, Salz und Limettensaft, braunen Zucker und Basilikum zu mischen. Reservieren Sie ca. 3 EL und verwenden Sie den Rest, um die Lachssteaks aus allen Richtungen zu beschichten.

2. Geben Sie das beschichtete Steak mit der Marinade in eine ausreichend große Schüssel und stellen Sie es für ca. 35-50 Minuten in Ihren Kühlschrank.

3. Bereiten Sie Ihren elektrischen Smoker vor, indem Sie ihn auf eine Temperatur von etwa 225 ° F vorheizen.

4. Nach dem Vorwärmen können Sie Lachssteaks im elektrischen Smoker auf das Gestell legen und etwa 45-60

Minuten räuchern. Verwenden Sie die reservierte Marinade, um die Steaks von Zeit zu Zeit zu beschichten.

5. Während dieser Zeit können Sie eine ausreichend große Schüssel verwenden und alle Salsa-Zutaten und Limettensaft mischen. Mischen Sie richtig, um eine konsistente Salsa zu erhalten.

6.Nehmen Sie die geräucherten Lachssteaks heraus und geben Sie ihnen etwa 5-10 Minuten zum Ausruhen. Teilen Sie Salsa gleichmäßig auf und gießen Sie jedes Steak über und servieren Sie es. genießen!

Ernährung: Kalorien: 597 Fett: 28 g Eiweiß: 79 g

Kohlenhydrate: 4 g

Veggie gefüllter Räucherlachs

Zubereitungszeit: 15 Minuten

Kochzeit: 3-5 Stunden

Portionen: 6

Zutaten:

- 3 EL Öl
- 4 lb. Lachs
- 1 Tasse Tomate, nach dem Schälen gehackt
- 1/4 Tasse grüne Zwiebeln, gehackt
- 1/2 Tasse trockenes Brot, gewürfelt
- 1/4 Tasse frischer Dill, gehackt
- 1/4 TL Salz
- 1/4 Tasse Sellerie, gehackt
- 1/2 TL Zitronenpfeffer
- 1 Knoblauchzehe, gehackt

Wegbeschreibungen:

1.Bereiten Sie die Lachsfilets vor und beschichten Sie sie von beiden Seiten mit Öl. Bereiten Sie in einer kleinen Schüssel eine konsistente Mischung aus allen anderen Zutaten zu.

2.Schicht ein großes Aluminiumblech und fette es. Legen Sie die Filets auf die gefettete Folie, gießen Sie die vorbereitete Mischung, bedecken Sie sie mit einer anderen Folie und verschließen Sie sie fest.

3.Bereiten Sie Ihren elektrischen Smoker vor, indem Sie ihn auf eine Temperatur von etwa 225 ° F vorheizen. Den mit Folie bedeckten Lachs auf den Smoker geben und ca. 3-5 Stunden räuchern.

4.Nehmen Sie heraus und überprüfen Sie die Flockigkeit mit einer Gabel. Geben Sie etwa 9-10 Minuten zum Abkühlen und schneiden Sie dann die Scheiben zum Servieren. genießen!

Ernährung: Kalorien: 252 Fett: 10 g Eiweiß: 33 g

Kohlenhydrate: 6 g

Abendessen

Lammkeule im griechischen Stil

Zubereitungszeit: 25 Minuten

Kochzeit: 1 Stunde und 30 Minuten

Portionen: 12

Zutaten:

- 7 Pfund Lammkeule, mit Knochen, fettbeschnitten
- 2 Zitronen, entsaftet
- 8 Knoblauchzehen, geschält, gehackt
- Salz nach Bedarf
- Gemahlener schwarzer Pfeffer nach Bedarf
- 1 Teelöffel getrockneter Oregano
- 1 Teelöffel getrockneter Rosmarin
- 6 Esslöffel Olivenöl

Wegbeschreibungen:

1.Machen Sie einen kleinen Schnitt in das Lammfleisch mit einem Schälmesser, dann Knoblauch, Oregano und Rosmarin zusammenrühren und diese Paste in die Schlitze des Lammfleisches stopfen.

2.Nehmen Sie eine Bratpfanne, legen Sie Lamm hinein, reiben Sie dann mit Zitronensaft und Olivenöl, bedecken Sie es mit einer Plastikfolie und lassen Sie es mindestens 8 Stunden im Kühlschrank marinieren.

3.Wenn Sie bereit zum Kochen sind, schalten Sie den Pelletgrill ein, füllen Sie den Grilltrichter mit Holzpellets mit Eichengeschmack, schalten Sie den Grill mit dem Bedienfeld ein, wählen Sie Rauch auf dem Temperaturregler oder stellen Sie die Temperatur auf 400 Grad F ein und lassen Sie ihn mindestens 15 Minuten vorheizen.

4.In der Zwischenzeit das Lamm aus dem Kühlschrank nehmen, auf Raumtemperatur bringen, aufdecken und dann gut mit Salz und schwarzem Pfeffer würzen.

5. Wenn der Grill vorgeheizt ist, öffnen Sie den Deckel, legen Sie Das Essen auf den Grillrost, schließen Sie den Grill und rauchen Sie 30 Minuten lang.

6. Ändern Sie die Rauchtemperatur auf 350 Grad F und fahren Sie dann 1 Stunde lang mit dem Rauchen fort, bis die Innentemperatur 140 Grad F erreicht.

7. Wenn Sie fertig sind, geben Sie das Lamm auf ein Schneidebrett, lassen Sie es 15 Minuten ruhen, schneiden Sie es dann in Scheiben und servieren Sie es.

Ernährung: Kalorien 390, Gesamtfett 35g, Gesättigte Fettsäuren 15g, Gesamtkohlenhydrate 0g, Nettokohlenhydrate 0g, Protein 17g, Zucker 0g, Ballaststoffe 0g, Natrium: 65mg.

Einfache gegrillte Lammkoteletts

Zubereitungszeit: 15 Minuten

Kochzeit: 20 Minuten

Portionen: 6

Zutaten:

- 1/4 Tasse weißer Essig, destilliert

- 2 EL. Olivenöl

- 2 EL Salz

- 1/2 EL schwarzer Pfeffer

- 1 EL Gehackter Knoblauch

- 1 Zwiebel, dünn geschnitten

- 2 lb. Lammkotcletts

Wegbeschreibungen:

1. In einen wiederverpackbaren Beutel, essig, Öl, Salz, schwarzen Pfeffer, Knoblauch und in Scheiben geschnittene Zwiebeln mischen, bis sich das gesamte Salz aufgelöst hat.

2.Fügen Sie das Lamm hinzu und tragen Sie es gleichmäßig bedeckt. In einen Kühlschrank stellen, um für 2 Stunden zu marinieren.

3.Heizen Sie Ihre vor.

4.Nehmen Sie das Lamm aus dem wiedervermarktbaren Beutel und lassen Sie alle Zwiebeln, die auf dem Fleisch kleben. Verwenden Sie eine Aluminiumfolie, um alle freiliegenden Knochenenden abzudecken.

5.Grillen Sie, bis die gewünschte Fertigkeit erreicht ist. Servieren und genießen, wenn es heiß ist.

Ernährung: Kalorien 519, Gesamtfett 44,8g, Gesättigte Fettsäuren 18,4g, Gesamtkohlenhydrate 2,3g, Nettokohlenhydrate 1,9g Protein 25g, Zucker 0,8g, Ballaststoffe 0,4g, Natrium 861mg, Kalium 358,6mg

Gebratene Lammkeule

Zubereitungszeit: 30 Minuten

Kochzeit: 2 Stunden

Portionen: 12

Zutaten:

- 8 Pfund Lammkeule, mit Knochen, fettbeschnitten
- 2 Zitronen, entsaftet, mit Schale
- 1 Esslöffel gehackter Knoblauch
- Zweige Rosmarin, 1 Zoll gewürfelt
- 4 Knoblauchzehen, geschält, längs in Scheiben geschnitten
- Salz nach Bedarf
- Gemahlener schwarzer Pfeffer nach Bedarf
- 2 Teelöffel Olivenöl

Wegbeschreibungen:

1. Schalten Sie den Pelletgrill ein, füllen Sie den Grilltrichter mit Holzpellets mit Kirschgeschmack, schalten Sie den Grill ein, indem Sie

2. Wählen Sie mit dem Bedienfeld "Rauch" auf dem Temperaturregler oder stellen Sie die Temperatur auf 450 Grad F ein und lassen Sie es mindestens 15 Minuten vorheizen.

3. Nehmen Sie in der Zwischenzeit eine kleine Schüssel, legen Sie gehackten Knoblauch hinein, rühren Sie Öl ein und reiben Sie diese Mischung dann auf allen Seiten der Lammkeule.

4. Dann machen Sie 3/4 Zoll tiefe Schnitte in das Lammfleisch, etwa zwei Dutzend, stopfen Sie jeden mit Knoblauchscheiben und Rosmarin, bestreuen Sie mit Zitronenschale, beträufeln Sie mit Zitronensaft und würzen Sie dann gut mit Salz und schwarzem Pfeffer.

5. Wenn der Grill vorgeheizt ist, öffnen Sie den Deckel, legen Sie die Lammkeule auf den Grillrost, schließen Sie den Grill und 30 Minuten lang räuchern.

6. Ändern Sie die Rauchtemperatur auf 350 Grad F und fahren Sie dann 1 Stunde und 30 Minuten weiter, bis die Innentemperatur 130 Grad F erreicht.

7.Wenn Sie fertig sind, geben Sie das Lamm auf ein Schneidebrett, lassen Sie es 15 Minuten ruhen, schneiden Sie es dann in Scheiben und servieren Sie es.

Ernährung: Kalorien 390, Gesamtfett 35g, Gesättigte Fettsäuren 15g, Gesamtkohlenhydrate 0g, Nettokohlenhydrate 0g, Protein 17g, Zucker 0g, Ballaststoffe 0g, Natrium: 65mg.

Schnellimbisse

Mandelmehl Brot

Zubereitungszeit: 10 Minuten

Kochzeit: 1 Stunde 15 Minuten

Portionen: 24 Scheiben

Zutaten:

- 1 TL Meersalz oder nach Geschmack
- 1 EL Apfelessig
- 1/2 Tasse warmes Wasser
- 1/4 Tasse Kokosöl
- 4 große Eier (geschlagen)
- 1 EL glutenfreies Backpulver
- 2 Tasse blanchiertes Mandelmehl
- 1/4 Tasse Flohsamenschalenpulver
- 1 TL Ingwer (optional)

Wegbeschreibungen:

1. Heizen Sie den elektrischen Smoker bei geschlossenem Deckel für 15 Minuten auf 350 ° F vor. Eine 9 x 5 Zoll große Laibpfanne mit Pergamentpapier auslegen. verwerfen.
2. Kombinieren Sie den Ingwer, Flohsamenschalenpulver, Mandelmehl, Salz, Backpulver in einer großen Rührschüssel.
3. In einer weiteren Rührschüssel das Kokosöl, den Apfelessig, die Eier und das warme Wasser mischen. Gründlich mischen.
4. Gießen Sie den Mehlteig in die Eiermischung und rühren Sie beim Gießen. Rühren Sie um, bis es einen glatten Teig bildet. Füllen Sie die gefütterte Laibpfanne mit dem Teig und bedecken Sie den Teig mit Aluminiumfolie.
5. Stellen Sie die Laibpfanne direkt auf den elektrischen Smoker und backen Sie für ca. 1 Stunde.

Ernährung: Kalorien: 93 Fett: 7,5 g Kohlenhydrate: 3,6 g Eiweiß: 3,1 g

desserts

Gegrillter Apfelkuchen

Zubereitungszeit: 15 Minuten

Kochzeit: 30-40 Minuten

Portionen: 6

Zutaten:

- 4-5 Äpfel, in dünne Scheiben geschnitten

- 1/4 Tasse (50g) Zucker

- 1 EL Maisstärke

- Mehl

- 1 gekühlte Tortenkruste, weich wie auf der Schachtel angegeben

- 1/4 Tasse (80g) Pfirsichkonserve

Wegbeschreibungen:

1. Erwärmen Sie Ihren Smoker auf 375 ° F / 190 ° C und tränken Sie Ihre Holzhackschnitzel für eine Stunde. Entfernen

Sie die Hackschnitzel aus der Flüssigkeit und tupfen Sie sie vor dem Verwenden trocken.

2.Nehmen Sie dann eine mittlere Schüssel und fügen Sie die Äpfel, Zucker und Maisstärke hinzu, dann rühren Sie gut, bis sie vermischt sind. Pop auf eine Seite.

3.Nun Ihre Arbeitsfläche mit Mehl bestäuben und die Tortenkruste ausrollen. Legen Sie die Tortenkruste in eine Tortenpfanne, ohne sie vorher zu fetten.

4.Verteilen Sie die Konserve in den Boden des Kuchens und schneiden Sie sie dann mit Apfelscheiben ab. In den Smoker treten und 30-40 Minuten kochen, bis sie sprudelnd und braun sind.

5.Vom Raucher nehmen, 10 Minuten ruhen lassen, dann servieren und genießen!

Ernährung: Kalorien: 270 Kohlenhydrate: 34g Fett: 14g Eiweiß: 3g

Birne und Feige auf dem Kopf stehender Kuchen

Zubereitungszeit: 15 Minuten

Kochzeit: 35-45 Minuten

Portionen: 8

Zutaten:

Für den Kuchen:

- 1 EL ungesalzene Butter, zum Einfetten
- 9 EL ungesalzene Butter, Raumtemperatur
- 3/4 Tasse (150g) Kristallzucker
- 3 Eier aus Freilandhaltung
- 1 TL Vanille
- 1 1/2 Tassen (190g) Kuchenmehl, gesiebt
- 3/4 TL Backpulver
- 1/4 TL Backpulver
- 8 EL saure Sahne
- 1/4 TL Salz

Für die Frucht und Glasur:

- 1 Birne, in Scheiben geschnitten, längs

- 4 Trauben, halbiert

- 4 EL ungesalzene Butter, Raumtemperatur

- 1/2 Tasse (100g) brauner Zucker

Wegbeschreibungen:

1. Erwärmen Sie Ihren Smoker auf 350 ° F / 175 ° C und tränken Sie Ihre Holzhackschnitzel für eine Stunde. Entfernen Sie die Hackschnitzel aus der Flüssigkeit und tupfen Sie sie vor dem Verwenden trocken.

2. Schnappen Sie sich eine 10 "(25cm) Kuchenform und fetten Sie sie gut mit Butter ein. Nehmen Sie eine mittlere Schüssel und cremen Sie die Butter und den Zucker zusammen.

3. Legen Sie die Früchte in den Boden der Kuchenform und legen Sie dann die Zucker-Butter-Mischung (aus den Frucht- und Glasurzutaten) darüber. Pop auf eine Seite.

4. Nehmen Sie eine weitere Schüssel und fügen Sie die Butter und den Zucker hinzu, dann leicht und flauschig schlagen. Die Eier und die Vanille dazugeben, dann noch eine Minute schlagen.

5.Schließlich fügen Sie das Mehl, das Backpulver, das Backpulver, die saure Sahne und das Salz hinzu und rühren Sie dann gut um, um es zu kombinieren. Gießen Sie diesen Kuchenteig über die Frucht und geben Sie ihn dann in den Smoker.

6.Kochen Sie für 35-45 Minuten, bis Sie durchgegart sind. Vom Raucher nehmen, 10 Minuten ruhen, dann servieren und genießen.

Ernährung: Kalorien: 260 Kohlenhydrate: 34g Fett: 13g Eiweiß: 3g

Camping

Frühstück

Einfach gegrilltes Hähnchen

Zubereitungszeit: 10 Minuten

Kochzeit: 35 Minuten

Portionen: 12

Zutaten:

- Zwei Tassen weißer destillierten Essig
- Zwei Tassen Wasser
- Zwei Sticks Butter
- Vier Esslöffel Worcestershire Sauce
- Zwei Teelöffel gehackter Knoblauch
- Zwei Hähnchenbrüste mit Knochen
- Vier mittlere Hähnchenkeuleviertel
- Vier Esslöffel Knoblauchsalz
- Zwei Esslöffel gemahlener schwarzer Pfeffer
- Ein Esslöffel Weißzucker

Wegbeschreibungen:

1. Worcestershire Sauce, Wasser, Essig, Butter, gehackten Knoblauch, Knoblauchsalz, Zucker im Topf verschmelzen und kochen. Aus der Flamme entfernen und die Marinade bei Raumtemperatur etwa eine halbe Stunde abkühlen lassen.

2. Fügen Sie Hühnchen in die Plastiktüte, gießen Sie Marinade über das Huhn, versiegeln Sie es und bewahren Sie es dann für acht bis die ganze Nacht auf.

3. Danach den Grill für intermediate vorheizen, um die Hitze leicht zu erhöhen, ölen Sie den Rost.

4. Hähnchenstücke auf den Grill bringen und gut umrühren, marinade entfernen

5. Grillen Sie Hühnchen, bis es in der Mitte für dreißig bis fünfundvierzig Minuten rosa wird. Das Thermometer wird in die Knochentemperatur eingeführt, die 165F erreicht.

Ernährung: Kalorien 935 Gesamtfett 53g Gesättigte Fettsäuren 15g Protein 107g Natrium 320mg

Leckeres Hühnchen Satay

Zubereitungszeit: 25 Minuten

Kochzeit: 20 Minuten

Portionen: 20

Zutaten:

- Zwanzig Holzspieße
- sechs erreicht knochenlose, hautlose Hähnchenbrüste, die längs in Streifen geschnitten werden
- sechs Esslöffel Sojasauce
- sechs Esslöffel Tomatensauce
- zwei Esslöffel Erdnussöl
- vier Knoblauchzehen, gehackt
- halber Teelöffel gemahlener schwarzer Pfeffer
- halber Teelöffel gemahlener Kreuzkümmel

Erdnusssauce:

- ein Esslöffel Erdnussöl
- 1/4 Zwiebel, fein gehackt
- eine Knoblauchzehe, gehackt

- acht Esslöffel Erdnussbutter
- drei Esslöffel Weißzucker
- zwei Esslöffel Sojasauce
- eine Tasse Wasser
- Halbe Zitrone, entsaftet

Wegbeschreibungen:

1. Legen Sie Holzspieße in die tiefe Schüssel und wickeln Sie sie mit Wasser ein und lassen Sie sie zwanzig Minuten einweichen.

2. Nehmen Sie Schüsseln, fügen Sie Hühnerstreifen hinzu und verschmelzen Sie Tomatensauce, Erdnussöl, Sojasauce, Kreuzkümmel, Pfeffer und Knoblauch in der kleinen Schüssel und verschmelzen Sie, um zu kombinieren.

3. Gießen Sie Hühnerstreifen und verschmelzen Sie Hühnchen ist auf jeder Seite gut beschichtet.

4. Fünfzehn Minuten marinieren.

5. Nun Erdnusssauce formen. Danach einen Esslöffel Öl in die warme Pfanne über die mittlere bis hohe Hitze geben.

Knoblauch und Zwiebel hinzufügen und gut kochen. Rühren Sie um, bis die Zwiebel vier Minuten lang durchscheinend und weich wird.

6. Fügen Sie nun Sojasauce, Butter, Wasser und Zucker hinzu und verschmelzen Sie gut. Gut kochen, bis die Sauce fünf Minuten lang langsam dick wird. Fügen Sie den Saft einer Zitrone hinzu und entfernen Sie ihn aus der Flamme.

7. Danach einen Grill für erhöhte Hitze vorheizen und dann den Rost leicht ölen. Fädeln Sie jeden Hühnerstreifen am Spieß.

8. Spieße auf dem vorgeheizten Grill aufbewahren und zehn Minuten braten und durch kochen. Die Satay-Spieße sofort mit Erdnusssauce servieren.

Ernährung: Kalorien 935 Gesamtfett 53g Gesättigte Fettsäuren 15g Protein 107g Natrium 320mg

Mittagessen

Gehärteter Truthahn Drumstick

Zubereitungszeit: 20 Minuten

Kochzeit: 2,5 Stunden bis 3 Stunden

Portionen: 3

Zutaten:

- 3 frische oder aufgetaute gefrorene Puten-Drumsticks
- 3 Esslöffel natives Olivenöl extra
- Solekomponente
- 4 Tassen gefiltertes Wasser
- 1/4Cup koscheres Salz
- 1/4 Tasse brauner Zucker
- 1 Teelöffel Knoblauchpulver
- Geflügelgewürge 1 Teelöffel
- 1/2 Teelöffel rote Paprikaflocken
- 1 Teelöffel rosa gehärtetes Salz

Wegbeschreibungen:

1. Geben Sie die Salzwasserzutaten in einen 1 Gallonen verschließbaren Beutel. Den Putentrommelstock ins Salzwasser geben und 12 Stunden im Kühlschrank aufbewahren.
2. Nach 12 Stunden den Trommelstock von der Kochsalzlösung entfernen, mit kaltem Wasser abspülen und mit einem Papiertuch trocken tupfen.
3. Trocknen Sie den Drumstick im Kühlschrank ohne Abdeckung für 2 Stunden an der Luft.
4. Nehmen Sie die Drumsticks aus dem Kühlschrank und reiben Sie einen Esslöffel natives Olivenöl extra unter und über jeden Drumstick.
5. Stellen Sie das Holzpellet oder den Grill zum indirekten Kochen ein und heizen Sie es mit Hickory- oder Ahornpellets auf 250 Grad Fahrenheit vor.
6. Legen Sie den Drumstick auf den Grill und rauchen Sie bei 250 ° F für 2 Stunden.

7.Nach 2 Stunden, erhöhen Sie die Grilltemperatur auf 325 ° F.

8.Kochen Sie den Truthahn-Drumstick bei 325 ° F, bis die Innentemperatur des dicksten Teils jedes Drumsticks 180 ° F mit einem sofort ablesendlichen digitalen Thermometer beträgt.

9.Stellen Sie einen geräucherten Truthahn-Trommelstock vor dem Essen 15 Minuten lang unter ein loses Folienzelt.

Ernährung: Kalorien: 278 Kohlenhydrate: 0g Fett: 13g Eiweiß: 37g

Scharfe Sauce Geräucherter Truthahn Tabasco

Zubereitungszeit: 20 Minuten

Kochzeit: 4 Stunden 15 Minuten

Portionen: 8

Zutaten:

- Ganzer Truthahn (4 lbs., 1,8 kg.)
- Die Reibung
- Brauner Zucker – 1/4 Tasse
- Geräucherter Paprika – 2 Teelöffel
- Salz – 1 Teelöffel
- Zwiebelpulver – 1 1/2 Teelöffel
- Oregano – 2 Teelöffel
- Knoblauchpulver – 2 Teelöffel
- Getrockneter Thymian – 1/2 Teelöffel
- Weißer Pfeffer – 1/2 Teelöffel
- Cayennepfeffer – 1/2 Teelöffel
- Die Glasur
- Ketchup – 1/2 Tasse

- Scharfe Sauce – 1/2 Tasse

- Apfelessig – 1 Esslöffel

- Tabasco – 2 Teelöffel

- Cajun Gewürze – 1/2 Teelöffel

- Ungesalzene Butter – 3 Esslöffel

Wegbeschreibungen:

1. Reiben Sie den Truthahn mit 2 Esslöffeln braunem Zucker, geräuchertem Paprika, Salz, Zwiebelpulver, Knoblauchpulver, getrocknetem Thymian, weißem Pfeffer und Cayennepfeffer. Lassen Sie den Truthahn eine Stunde ruhen.

2. Stecken Sie den Holzpellet-Smoker ab und füllen Sie den Trichter mit dem Holzpellet. Schalten Sie den Schalter ein.

3. Stellen Sie den Holzpellet-Smoker auf indirekte Hitze ein und stellen Sie die Temperatur auf 135 ° C (275 ° F) ein.

4. Legen Sie den gewürzten Truthahn in den Holzpelletraucher und rauchen Sie für 4 Stunden.

5.In der Zwischenzeit Ketchup, scharfe Sauce, Apfelessig, Tabasco und Cajun-Gewürze in einen Topf geben und dann zum Kochen bringen.

6.Die Sauce vom Herd nehmen und schnell ungesalzene Butter in den Topf geben. Umrühren, bis es geschmolzen ist.

7.Nach 4 Stunden Rauchen die Tabasco-Sauce über den Truthahn geben und dann 15 Minuten lang rauchen.

8.Sobald die Innentemperatur des geräucherten Truthahns 170 ° F (77 ° C) erreicht hat, entfernen Sie ihn aus dem Holzpelletraucher und legen Sie ihn auf eine Servierschale.

Ernährung: Kalorien: 160 Kohlenhydrate: 2g Fett: 14g Eiweiß: 7g

Heckklappe rauchte junge Türkei

Zubereitungszeit: 20 Minuten

Kochzeit: 4 bis 4 Stunden 30 Minuten

Portionen: 6

Zutaten:

- 1 frischer oder aufgetauter gefrorener junger Truthahn
- 6 Gläser natives Olivenöl extra mit geröstetem Knoblauchgeschmack
- 6 original Yang Trockenlabor- oder Geflügelgewürde

Wegbeschreibungen:

1. Entfernen Sie überschüssiges Fett und Haut von Putenbrüsten und Hohlräumen.

2. Trennen Sie langsam die Haut des Truthahns von seiner Brust und einem Viertel des Beines, wobei die Haut intakt bleibt.

3. Tragen Sie Olivenöl auf die Brust, unter die Haut und auf die Haut auf.

4.Reiben oder würzen Sie sanft in die Brusthöhle, unter die Haut und auf die Haut.

5.Stellen Sie Heckklappe Holz pellet Smoker Grill für indirektes Kochen und Räuchern auf. Mit Apfel- oder Kirschpellets auf 225 ° F vorheizen.

6.Legen Sie das Putenfleisch mit der Brust nach oben auf den Grill.

7.Saugen Sie den Truthahn für 4-4 Stunden bei 225 ° F, bis der dickste Teil der Brust des Truthahns eine Innentemperatur von 170 ° F erreicht und der Saft klar ist.

8.Vor dem Gravieren den Truthahn für 20 Minuten unter ein loses Folienzelt stellen

Ernährung: Kalorien: 240 Kohlenhydrate: 27g Fett: 9g Eiweiß: 15g

Abendessen

Geräuchertes Hähnchen

Zubereitungszeit: 20 Minuten

Kochzeit: 1 Stunde 20 Minuten

Portionen: 4-6

Zutaten:

- 8 Esslöffel Butter, Raumtemperatur
- 1 Knoblauchzehe, gehackt
- 1 Frühlingszwiebel, gehackt
- 2 Esslöffel frische Kräuter wie Thymian, Rosmarin, Salbei oder Petersilie
- Bei Bedarf Hühnerreibung
- Zitronensaft
- Bei Bedarf Pflanzenöl

Wegbeschreibungen:

1. In einer kleinen Kochschüssel die Frühlingszwiebeln, Knoblauch, Butter, gehackte frische Kräuter, 1-1/2 Teelöffel

der Einreibung und Zitronensaft mischen. Mit einem Löffel vermischen.

2.Entfernen Sie alle Giblets aus der Höhle des Huhns. Waschen Sie das Huhn innen und außen mit kaltem fließendem Wasser. Gründlich mit Papiertüchern trocknen.

3.Streuen Sie eine großzügige Menge Hühnchen reiben Sie in die Höhle des Huhns.

4.Lösen Sie vorsichtig die Haut um die Hähnchenbrust und schieben Sie ein paar Esslöffel der Kräuterbutter unter die Haut und bedecken Sie sie.

5.Bedecken Sie die Außenseite mit der restlichen Kräuterbutter.

6.Setzen Sie die Chicken Wings hinter dem Rücken ein. Binden Sie beide Beine mit einer Metzgerschnur zusammen.

7.Pulver die Außenseite des Huhns mit mehr Huhn reiben und dann Zweige mit frischen Kräutern in die Höhle des Huhns einführen.

8. Stellen Sie die Temperatur auf Hoch ein und heizen Sie vor, der Deckel für 15 Minuten geschlossen.

9. Ölen Sie den Grill mit Pflanzenöl. Bewegen Sie das Hähnchen auf dem Grillrost, Brustseite nach oben und schließen Sie den Deckel.

10. Nachdem das Huhn 1 Stunde gekocht hat, heben Sie den Deckel an. Wenn das Huhn zu schnell bräunt, bedecken Sie Brust und Beine mit Aluminiumfolie.

11. Schließen Sie den Deckel und braten Sie das Huhn weiter, bis ein sofort ablesendes Fleischthermometer, das in den dicksten Teil eingeführt wird, eine Temperatur von 165F registriert

12. Nehmen Sie das Huhn vom Grill und lassen Sie es 5 Minuten ruhen. Servieren, genießen!

Ernährung: Kalorien 222kcal Kohlenhydrate 11g Protein 29gFett 4g Cholesterin 62mg Natrium 616mg Kalium 620mg

Gegrillte asiatische Hähnchenburger

Zubereitungszeit: 5 Minuten

Kochzeit: 50 Minuten

Portionen: 4-6

Zutaten:

- Pfund Huhn, gemahlen
- 1 Tasse Panko Pankrumen
- 1 Tasse Parmesan
- 1 kleiner Jalapeno, gewürfelt
- 2 ganze Frühlingszwiebeln, gehackt
- 2 Knoblauchzehe
- 1/4 Tasse gehackte Korianderblätter
- 2 Esslöffel Mayonnaise
- 2 Esslöffel Chilisauce
- 1 Esslöffel Sojasauce
- 1 Esslöffel Ingwer, gehackt
- 2 Teelöffel Zitronensaft
- 2 Teelöffel Zitronenschale

- 1 Teelöffel Salz
- 1 Teelöffel gemahlener schwarzer Pfeffer
- 8 Hamburgerbrötchen
- 1 Tomate, in Scheiben geschnitten
- Rucola, frisch
- 1 rote Zwiebel in Scheiben geschnitten

Wegbeschreibungen:

1. Richten Sie ein umrandetes Backblech mit Aluminiumfolie aus und sprühen Sie es dann mit Antihaft-Kochspray.
2. In einer großen Schüssel hühnchen, jalapeno, Schalotten, Knoblauch, Koriander, Panko, Parmesan, Chilisauce, Sojasauce Ingwer, Mayonnaise, Zitronensaft und Schale sowie Salz und Pfeffer vermischen.
3. Work die Mischung mit den Fingern, bis die Zutaten gut vermischt sind. Wenn die Mischung zu nass aussieht, um Bratlinge zu bilden, fügen Sie zusätzlich mehr Panko hinzu.
4. Waschen Sie Ihre Hände unter kaltem fließendem Wasser, formen Sie das Fleisch zu 8 Bratlingen, jedes etwa einen Zoll

größer als die Brötchen und etwa 3/4 "dick. Verwenden Sie Ihre Daumen oder einen Esslöffel, machen Sie eine breite, flache Vertiefung in der Oberseite von jedem

5.Legen Sie sie auf das vorbereitete Backblech. Besprühen Sie die Oberplatten mit Antihaft-Kochspray. Wenn Sie nicht sofort kochen, mit Plastikfolie abdecken und kühlen.

6.Stellen Sie den Traegergrill auf 350F und heizen Sie ihn dann für 15 Minuten vor, Deckel geschlossen.

7.Bestellen Sie die Burger, Depressionsseite nach unten, auf dem Grillrost. Entfernen und entsorgen Sie die Folie auf dem Backblech, damit Sie eine unbelastete Oberfläche haben, um den Schieber beim Kochen zu übertragen.

8.Grillen Sie die Burger für etwa 25 bis 30 Minuten, drehen Sie sie einmal oder bis sie sich leicht vom Grillrost lösen, wenn ein sauberer Metallspatel unter sie rutscht. Die Innentemperatur beim Ablesen auf einem sofort ablesenden Fleischthermometer sollte 160F sein.

9.Mayonnaise verteilen und auf Wunsch eine Tomatenscheibe und ein paar Rucolablätter auf der Hälfte jedes Brötchens anrichten. Mit einem gegrillten Burger und roten Zwiebeln, wenn verwendet, dann ersetzen Sie die obere Hälfte des Brötchens. Sofort servieren. genießen

Ernährung: Kalorien 329kcal Kohlenhydrate 10g Protein 21g Fett 23g

Schnellimbisse

Geräuchertes Rindfleisch Brisket mit Moppsauce

Zubereitungszeit: 10 Minuten

Kochzeit: 10 Stunden

Portionen: 10

Rauchtemperatur: 135Farenheit

Bevorzugtes Holzpellet: Aprikose oder Erle

Zutaten:

- 1 (6 Pfund / 2,7 kg) flach geschnittenes Brisket, beschnitten
- Trigger Beef Rub, nach Bedarf
- Trigger Texas Spicy BBQ Sauce, zum Servieren
- Mopp Sauce:
- 2 Tasse Rinderbrühe
- 2 Esslöffel Worcestershire Sauce
- 1/4 Tasse Apfelessig, Apfelwein oder Apfelsaft

Wegbeschreibungen:

1.Set Trigger und Vorwärmen, Deckel für 15 Minuten geschlossen.

2.Würzen Sie das Brisket mit Trigger Beef Rub auf beiden Seiten. Alle Zutaten der Moppsauce in einer Sprühflasche verquirlen.

3.Legen Sie das Brisket mit der Fettseite nach unten auf den Grill und rauchen Sie es für 3 bis 4 Stunden

4.Entfernen Sie das Brisket vom Grill und erhöhen Sie die Temperatur auf 225 ° F (107 ° C).

5.Etwa 6 bis 8 Stunden weiter kochen und gelegentlich mit der Moppsauce besprühen

6.Servieren Sie neben der BBQ-Sauce.

Ernährung: Kalorien: 764 Fett: 55g Kohlenhydrate: 2g Eiweiß: 63g

desserts

Erbed Mischsalz

Zubereitungszeit: 10 Minuten

Kochzeit: Null

Portion: 4

Zutaten

- 1/2 Tasse grobes Salz
- 1/4 Tasse verpackte frische Rosmarinblätter
- 1/4 Tasse verpackter frischer Zitronenthymian
- 1 Tasse Salz

Wegbeschreibungen:

1. Mischen Sie die oben genannten Zutaten

2. Lassen Sie es sitzen und trocknen Sie es für 2 Stunden an der Luft

3. Verwenden Sie nach Bedarf

Ernährung: Kalorien: 20 Kohlenhydrate: 5g Eiweiß: 1g

Klassische BBQ Rub

Zubereitungszeit: 10 Minuten

Kochzeit: Null

Portion: 4

Zutaten

- 1 Teelöffel Salz
- 1/8 Teelöffel gemahlener Kreuzkümmel
- 3/4 Teelöffel gemahlener weißer Pfeffer
- 3/4 Teelöffel gemahlener schwarzer Pfeffer
- 3/4 Teelöffel getrockneter Thymian
- 3/4 Teelöffel gemahlen herzhaft
- 3/4 Teelöffel gemahlene Koriandersamen
- 1 Teelöffel gemahlene Lorbeerblätter
- 1 und 1/2 Teelöffel getrocknetes Basilikum
- 2 Teelöffel Knoblauchpulver

Wegbeschreibungen:

1. Mischen Sie die oben genannten Zutaten, um das Gewürz vorzubereiten und verwenden Sie es nach Bedarf.

Ernährung: Kalorien: 20 Kohlenhydrate: 5g Eiweiß: 1g

Holländisch

Frühstück

croutons

Zubereitungszeit: 5 Minuten

Kochzeit: 10 Minuten

Portionen: 4

Zutaten:

- 2 Scheiben freundliches Brot
- 1 EL Olivenöl

Wegbeschreibungen:

1. Schneiden Sie die Brotscheiben in mittelgroße Stücke.

2. Beschichten Sie die Innenseite des Dutch Oven mit dem Öl. Stellen Sie es auf 390DegreesF und lassen Sie es sich erwärmen.

3. Legen Sie die Brocken hinein und braten Sie sie mindestens 8 Minuten lang flach.

4. Mit heißer Suppe servieren.

Ernährung: Kalorien: 186 Fett: 7g Kohlenhydrate: 25g Protein: 4g

Süßkartoffelkeile

Zubereitungszeit: 10 Minuten

Kochzeit: 20 Minuten

Portionen: 4

Zutaten:

- 2 Süßkartoffeln, in Keile geschnitten
- 1 Esslöffel Pflanzenöl
- 1 Teelöffel geräucherter Paprika
- 1 Esslöffel Honig
- Salz und Pfeffer nach Geschmack

Wegbeschreibungen:

1. Fügen Sie Ihrem Power XL Grill einen holländischen Ofenkorb hinzu.
2. Wählen Sie die Luftbruteinstellung.
3. Bei 390 Grad für 25 Minuten vorheizen.
4. Fügen Sie Süßkartoffelkeile in den Korb.
5. Kochen Sie für 10 Minuten.
6. Umrühren und weitere 10 Minuten kochen.

7. Paprika und Honig einschmischen.

8. Mit Salz und Pfeffer bestreuen.

Ernährung: Kalorien – 368 Fett – 24,2g Kohlenhydrate – 21g

Ballaststoffe – 4,1g Protein – 17,6g

Käse Lings

Zubereitungszeit: 5 Minuten

Kochzeit: 25 Minuten

Portionen: 6

Zutaten:

- 1 Tasse Mehl
- kleine Würfel Käse, gerieben
- 1/4 TL Chilipulver
- 1 TL Butter
- Salz nach Geschmack
- 1 TL Backpulver

Wegbeschreibungen:

1. Geben Sie alle Zutaten zu einem Teig, zusammen mit einer kleinen Menge Wasser nach Bedarf.

2. Teilen Sie den Teig in gleiche Portionen und rollen Sie jeden zu einer Kugel.

3. Vorwärmen Sie den niederländischen Ofen bei 360 GradF.

4.Die Kugeln in die Fritteuse übertragen und 5 Minuten unter regelmäßigem Rühren an der Luft braten.

Ernährung: Kalorien: 489 Fett: 20g Kohlenhydrate: 69g Eiweiß: 8g

Mittagessen

Kurkuma Pilz

Zubereitungszeit: 5 Minuten

Kochzeit: 20 Minuten

Portionen: 4

Zutaten:

- 1 lb. braune Pilze

- Vier Knoblauchzehen; kleingeschnitten

- 1/4 TL Zimtpulver

- 1 TL Olivenöl

- 1/2 TL Kurkumapulver

Wegbeschreibungen:

1. Mischen Sie alle Befestigungen und Gänge.

2. Legen Sie die Pilze in den Korb Ihres holländischen Ofens und kochen Sie bei 370 ° F für 15 Minuten

3. Teilen Sie die Mischung zwischen den Tellern auf und servieren Sie sie als Beilage.

Ernährung: Kalorien: 208 Fett: 7g Ballaststoffe: 3g

Kohlenhydrate: 5g Protein: 7g

Cremiger Fenchel

Zubereitungszeit: 5 Minuten

Kochzeit: 17 Minuten

Portionen: 4

Zutaten:

- Zwei große Fenchelkolben; Geschnitten
- 1/2 Tasse Kokoscreme
- 2 EL Butter; geschmolzen
- Salz und schwarzer Pfeffer nach Geschmack.

Wegbeschreibungen:

1. In eine Pfanne, die in den holländischen Ofen passt, alle Zutaten kombinieren, werfen, in die Maschine einführen und 12 Minuten lang bei 370 ° F kochen
2. Teilen Sie zwischen den Tellern und servieren Sie als Beilage.

Ernährung: Kalorien: 151 Fett: 3g Ballaststoffe: 2g Kohlenhydrate: 4g Protein: 6g

Abendessen

Schnelle Paella

Zubereitungszeit: 7 Minuten

Kochzeit: 15 Minuten

Portionen: 4

Zutaten:

- 1 (10 Unzen) Packung gefrorener gekochter Reis, aufgetaut
- 1 (6 Unzen) Glas Artischockenherzen, abgetropft und gehackt
- 1/4 Tasse Gemüsebrühe
- 1/2 Teelöffel Kurkuma
- 1/2 Teelöffel getrockneter Thymian
- 1 Tasse gefrorene gekochte kleine Garnelen
- 1/2 Tasse gefrorene Babyerbsen
- 1 Tomate, gewürfelt

Wegbeschreibungen:

1. Zubereitung der Zutaten. In einer 6 x 6 x 2 Zoll pfanne Reis, Artischockenherzen, Gemüsebrühe, Kurkuma und Thymian vermischen und vorsichtig umrühren.

2. Air Frying. In den holländischen Ofen geben und 8 bis 9 Minuten backen oder bis der Reis heiß ist. Aus dem Fritteuseofen nehmen und Garnelen, Erbsen und Tomaten vorsichtig unterrühren. 5 bis 8 Minuten kochen oder bis die Garnelen und Erbsen heiß sind und die Paella sprudelt.

Ernährung: Kalorien: 345 Fett: 1g Protein: 18g Ballaststoffe: 4g

Luftfritteuse Lachs

Zubereitungszeit: 5 Minuten

Kochzeit: 10 Minuten

Portionen: 2

Zutaten:

- 1/2 TL Salz

- 1/2 TL Knoblauchpulver

- 1/2 TL geräucherter Paprika

- Lachs

Wegbeschreibungen:

1. Zubereitung der Zutaten. Gewürze mischen und auf Lachs streuen.

2. Legen Sie gewürzten Lachs in den niederländischen Ofen.

3. Luft Braten. Stellen Sie die Temperatur auf 400 ° F und die Zeit auf 10 Minuten ein.

Ernährung: Kalorien: 185; Fett: 11g; Eiweiß: 21g; Zucker: 0g

Süße und herzhafte panierte Garnelen

Zubereitungszeit: 5 Minuten

Kochzeit: 20 Minuten

Portionen: 2

Zutaten:

- 1/2 Pfund frische Garnelen, von ihren Schalen geschält und gespült
- 2 rohe Eier
- 1/2 Tasse Paniermehl (wir mögen Panko, aber jede Marke oder jedes Hausrezept wird es tun)
- 1/2 weiße Zwiebel, geschält und gespült und fein gehackt
- 1 Teelöffel Ingwer-Knoblauch-Paste
- 1/2 Teelöffel Kurkumapulver
- 1/2 Teelöffel rotes Chilipulver
- 1/2 Teelöffel Kreuzkümmelpulver
- 1/2 Teelöffel schwarzes Pfefferpulver
- 1/2 Teelöffel trockenes Mangopulver
- Prise Salz

Wegbeschreibungen:

1. Zubereitung der Zutaten. Bedecken Sie den Korb des dutch oven mit einem Futter aus Zinnfolie und lassen Sie die Ränder unbedeckt, damit Luft durch den Korb zirkulieren kann.
2. Den dutch oven auf 350 Grad vorheizen.
3. In einer Rührschüssel die Eier fluffig verquirlen und bis Eigelb und Weiß vollständig vermischt sind.
4. Tauchen Sie alle Garnelen in die Eiermischung und tauchen Sie vollständig ein.
5. In einer separaten Rührschüssel die Semmelbrösel mit allen trockenen Zutaten vermischen, bis sie gleichmäßig vermischt sind.
6. Beschichten Sie nacheinander die mit Eiern bedeckten Garnelen in den gemischten trockenen Zutaten, so dass sie vollständig bedeckt sind, und legen Sie sie auf den mit Folie ausgekleideten Fritteusekorb.
7. Luft Braten. Stellen Sie den Air-Fryer-Timer auf 20 Minuten ein.

8.Schütteln Sie nach der Hälfte der Kochzeit den Griff der Fritteuse, damit die panierten Garnelen im Inneren drängeln und die Bratabdeckung gleichmäßig ist.

9. Nach 20 Minuten, wenn sich die Fritteuse abschaltet, sind die Garnelen perfekt gekocht und ihre panierte Kruste goldbraun und lecker! Mit einer Zange aus dem Fritteuseofen nehmen und auf eine Servierschale stellen, um sie abzukühlen.

Ernährung: Kalorien: 195; Fett: 11g; Eiweiß: 25g; Zucker: 0g

Schnellimbisse

Artischocken-Pommes

Zubereitungszeit: 8 Minuten

Kochzeit: 13 Minuten

Portionen: 6

Zutaten:

- 1 oz. kann Artischockenherzen
- 1 Tasse Mehl
- 1 Tasse Mandelmilch
- 1/2 TL Knoblauchpulver
- 3/4 TL Salz
- 1/4 TL schwarzer Pfeffer oder nach Geschmack
- Für Dry Mix:
- 1 1/2 Tasse Panko Pankrumen
- 1/2 TL Paprika
- 1/4 TL Salz

Wegbeschreibungen:

1. Die nassen Zutaten in einer Schüssel glatt rühren und die trockenen Zutaten in einer separaten Schüssel vermischen.

2. Zuerst die Artischocken vierteln in die nasse Mischung tauchen und dann mit der trockenen Panko-Mischung beschichten.

3. Legen Sie die Artischockenherzen in den niederländischen Ofenkorb. Stellen Sie den Dutch Oven Basket in den Dutch Oven Toaster und schließen Sie den Deckel. Wählen Sie den Air Fry-Modus bei einer Temperatur von 340 ° F für 13 Minuten. Warm servieren.

Ernährung: Kalorien: 199 Cal Protein: 9,4 g Kohlenhydrate: 15,9 g Fett: 4 g

desserts

Krustenlose Drei-Fleisch-Pizza

Zubereitungszeit: 5 Minuten

Kochzeit: 5 Minuten

Portionen: 1

Zutaten:

- 1/2 Tasse zerkleinerter Mozzarella

- Sieben Scheiben Peperoni

- 1/4 Tasse gekochte Erdwurst

- Zwei Scheiben zuckerfreier Speck, gekocht und zerbröckelt

- Ein Esslöffel geriebener Parmesan

Wegbeschreibungen:

1. Bedecken Sie den Boden einer 6 "Kuchenform mit Mozzarella. Peperoni, Wurst und Speck auf den Käse legen und mit Parmesan bestreuen. Pfanne in den holländischen Ofenkorb geben.

2.Regulieren Sie die Temperatur auf 400 ° F und stellen Sie den Timer für 5 Minuten ein.

3.Entfernen, wenn der Käse sprudelt und golden ist. Warm mit Pizzasauce zum Dippen servieren.

Ernährung: Kalorien: 466 Eiweiß: 28,1 g Ballaststoffe: 0,5 g Nettokohlenhydrate: 4,7 g Fett: 34,0 g Natrium: 1.446 mg Kohlenhydrate: 5,2 g Zucker: 1,6 g

Knoblauch Käse Brot

Zubereitungszeit: 10 Minuten

Kochzeit: 10 Minuten

Portionen: 2

Zutaten:

- 1 Tasse zerkleinerter Mozzarella
- 1/4 Tasse geriebener Parmesan
- Ein großes Ei
- 1/2 Teelöffel Knoblauchpulver

Wegbeschreibungen:

1. Mischen Sie alle Befestigungen in einer großen Schüssel. Zerreißen Sie ein Stück Pergament, um Zu ihrem niederländischen Ofenkorb zu passen. Drücken Sie die Mischung in einen Kreis auf dem Pergament und legen Sie es in den niederländischen Ofenkorb.
2. Regulieren Sie die Temperatur auf 350 ° F und stellen Sie den Timer für 10 Minuten ein.
3. Warm servieren.

Ernährung: Kalorien: 258 Eiweiß: 19,2 g Ballaststoffe: 0,1 g

Nettokohlenhydrate: 3,6 g Fett: 16,6 g Natrium: 612 mg

Kohlenhydrate: 3,7 g Zucker: 0,7 g

Gußeisen

Frühstück

Geräucherter Brokkoli

Zubereitungszeit: 10 Minuten

Kochzeit: 30 Minuten

Portionen: 4

Zutaten:

1.2 Köpfe Brokkoli

2. Koscheres Salz

3,2 Esslöffel Pflanzenöl

4.Frischer Pfeffer (gemahlen)

Wegbeschreibungen:

1.Heizen Sie Ihr Gusseisen auf 350F vor.

2.Trennen Sie die Röschen von den Köpfen.

3.Den Brokkoli durch Braten mit Pflanzenöl beschichten. Danach mit Salz und Pfeffer würzen.

4.Mit einem Grillkorb den Brokkoli auf den Rost des Gusseisens legen und 30 Minuten lang oder knusprig rauchen.

5. Viel Spaß!

Ernährung: Kalorien - 76 | Fett- 7g | Gesättigte Fettsäuren - 1,3 g | Protein- 1,3 g | Kohlenhydrate - 3,1 g |

Geräucherte Pilze 2

Zubereitungszeit: 10 Minuten

Kochzeit: 1 Stunde

Portionen: 4

Zutaten:

- 2 lb. Pilze (Button oder Portabella)
- 2 Tassen italienischer Verband
- Pfeffer
- Salz

Wegbeschreibungen:

1. In einem Gallonen-Reißverschlussbeutel die Pilze hinzufügen.

2. Gießen Sie das italienische Dressing in den Reißverschlussbeutel und etwas Pfeffer und Salz nach Geschmack.

3. Gekühlt für 1 Stunde.

4. Sobald Sie bereit zum Kochen sind, heizen Sie Ihr Gusseisen auf 250F vor.

5. Rauchen Sie Pilze für eine Stunde oder bis viel weich und etwas kleiner in der Größe.

6.Hinweis: Pilze werden bei jeder Temperatur gut rauchen, solange sie nicht brennen.

Ernährung: Kalorien - 392| Fett- 34g| Gesättigte Fettsäuren - 5,3 g| Kohlenhydrate - 19,8 g| Ballaststoffe - 2,3 g| Zucker- 13,7g| Eiweiß - 7,6 g| Cholesterin - 79mg| Natrium- 196mg|

Mittagessen

Entenbrüste

Zubereitungszeit: 10 Minuten

Kochzeit: 8 Minuten

Portionen: 3

Zutaten:

- Das Fleisch

- Entenbrüste – 3

- Die Reibung

- Wildreibung - 3 Unzen

- Das Feuer

- Füllen Sie gemäß der Bedienungsanleitung den Grilltrichter mit 2 Pfund Holzpellets, jedem Geschmack, und stellen Sie den Grill ein.

- Schalten Sie den Grill ein, wählen Sie die Einstellung "Rauch", schließen Sie mit dem Deckel und verwenden Sie das Bedienfeld, um die Temperatur auf 500 Grad F einzustellen.

- Warten Sie 10 bis 15 Minuten oder bis das Feuer im Grill beginnt und die eingestellte Temperatur erreicht.

Wegbeschreibungen:

1. In der Zwischenzeit die Ente vorbereiten und dafür den Boden jeder Brust mit dem Reiben würzen.

2. Treffen Sie die Oberseite jeder Brust, würzen Sie sie mit der verbleibenden Reibung und ruhen Sie sich 10 Minuten aus.

3. Wenn der Grill vorgeheizt ist, legen Sie Entenbrust auf das Grillgestell und Grill für 4 Minuten pro Seite oder bis das Bedienfeld die Innentemperatur von 130 Grad F anzeigt und sich zur Hälfte dreht.

4. Wenn Sie fertig sind, nehmen Sie die Ente vom Grill und lassen Sie sie 10 Minuten ruhen.

5. Dann die Entenbrüste in Scheiben schneiden und sofort servieren.

Ernährung: Menge pro 167 g = 1 Portion(en) Energie (Kalorien): 205 kcal Eiweiß: 33,08 g Fett: 7,08 g Kohlenhydrate: 0 g

Wildsteaks

Zubereitungszeit: 10 Minuten

Kochzeit: 26 Minuten

Portionen: 4

Zutaten:

- Das Fleisch

- Wildsteaks - 10, 6 Unzen

- Die Marinade

- Sprite, Diät – 1 Liter

- Wildreibung - 6 Unzen

- Sonstige Inhaltsstoffe

- Spargel – 2 Pfund

- Das Feuer

• Füllen Sie den Trichter des Grills mit 2 Pfund Holzpellets, Ahorngeschmack und stellen Sie den Grill gemäß der Bedienungsanleitung ein.

- Schalten Sie den Grill ein, wählen Sie die Einstellung "Rauch", schließen Sie mit dem Deckel und verwenden Sie das Bedienfeld, um die Temperatur auf 250 Grad F einzustellen.
- Warten Sie 10 bis 15 Minuten oder bis das Feuer im Grill beginnt und die eingestellte Temperatur erreicht.

Wegbeschreibungen:

1. Bevor Sie den Grill vorheizen, marinieren Sie die Wildsteaks und nehmen Sie dazu einen Behälter, gießen Sie den Sprite ein und rühren Sie dann das Wild ein.

2. Fügen Sie Wildsteaks hinzu und lassen Sie es dann mindestens 6 Stunden im Kühlschrank marinieren.

3. Dann Wildsteaks aus der Marinade nehmen und trocken tupfen.

4. Wenn der Grill vorgewärmt ist, legen Sie Steaks auf das Grillgestell und lassen Sie es 8 Minuten pro Seite rauchen oder bis das Bedienfeld die Innentemperatur von 125 Grad F anzeigt.

5. Wenn Sie fertig sind, nehmen Sie das Steak vom Grill und lassen Sie es 10 Minuten ruhen.

6. In der Zwischenzeit Spargel zum Grillgestell geben und 10 Minuten kochen lassen, halb drehen.

7. Dann das Steak in Scheiben schneiden und mit Spargel servieren.

Ernährung: Menge pro 225 g = 1 Portion(en) Energie (Kalorien): 156 kcal Eiweiß: 27,42 g Fett: 2 g Kohlenhydrate: 8,8 g

Abendessen

Gegrillte Erdbeeren

Zubereitungszeit: 5 Minuten

Kochzeit: 5 Minuten

Portionen: 4

Zutaten:

- 1 Esslöffel Zitronensaft

- 4 Esslöffel Honig

- 16 Erdbeeren

Wegbeschreibungen:

1. Schalten Sie Ihren Holzpelletgrill ein.

2. Stellen Sie es auf 450 Grad F.

3. Die Erdbeeren zu Spießen fädeln.

4. Mit dem Honig und Zitronensaft bürsten.

5. Grill für 5 Minuten.

Ernährung: Kalorien: 53 Cal Fett: 0 g Kohlenhydrate: 12 g

Protein: 1 g Ballaststoffe: 3 g

Geräucherte Crêpes

Zubereitungszeit: 10 Minuten

Kochzeit: 2 Stunden

Portionen: 6

Zutaten:

- 2-Pfund-Äpfel, in Keile geschnitten
- Apfelbutter-Gewürz
- 1/2 Tasse Apfelsaft
- 2 Teelöffel Zitronensaft
- 5 Esslöffel Butter
- 3/4 Teelöffel Zimt, gemahlen
- 2 Esslöffel brauner Zucker
- 3/4 Teelöffel Maisstärke
- 6 Crêpes

Wegbeschreibungen:

1. Heizen Sie Ihren Holzpelletgrill auf 225 Grad F vor.
2. Die Äpfel mit der Apfelbutterwürz würzen.
3. Auf den Grill geben.

4.Rauchen Sie für 1 Stunde.

5.Abkühlen lassen und in dünne Scheiben schneiden.

6.In eine Backform geben.

7.Rühren Sie die restlichen Zutaten außer den Crêpes ein. 15 Minuten rösten.

8.Fügen Sie die Apfelmischung auf die Crêpes hinzu. Rollen und servieren.

Ernährung: Kalorien: 130 Cal Fett: 5 g Kohlenhydrate: 14 g Protein: 7 g Ballaststoffe: 1 g

Schnellimbisse

Spinatsalat mit Avocado und Orange

Zubereitungszeit: 5 Minuten

Kochzeit: 20 Minuten

Portionen: 4

Zutaten:

- 1 1/2 - Esslöffel frischer Limettensaft
- 4 - Teelöffel natives Olivenöl extra
- 1 - Esslöffel gehackter frischer Koriander
- 1/8 - Teelöffel kosheres Salz
- 1/2 - Tasse gewürfelte geschälte reife Avocado
- 1/2 - Tasse frische Orangensegmente
- 1 - (5 Unzen) Packung Babyspinat
- 1/8 - Teelöffel frisch gemahlener schwarzer Pfeffer

Wegbeschreibungen:

1. Kombinieren Sie die ersten 4 Substanzen in einer Schüssel unter Rühren mit einem Schneebesen.

2. Kombinieren Sie Avocado, Orangensegmente und Spinat in einer Schüssel. Ölkombination hinzufügen; werfen. Salat mit schwarzem Pfeffer bestreuen.

Ernährung: Kalorien 103 Fett 7.3g Natrium 118mg

Frischer Cremmais

Zubereitungszeit: 5 Minuten

Kochzeit: 30 Minuten

Portionen: 4

Zutaten:

- 2 - Teelöffel ungesalzene Butter
- 2 - Tassen frische Maiskörner
- 2 - Esslöffel gehackte Schalotten
- 3/4 - Tasse 1% fettarme Milch
- 2 - Teelöffel Allzweckmehl
- 1/4 - Teelöffel Salz

Wegbeschreibungen:

1. Butter in einer riesigen Antihaftpfanne über mittlere bis übermäßige Wärme schmelzen.

2. Mais und gehackte Schalotten in die Pfanne geben; Abendessen 1 Minute unter ständigem Rühren zubereiten.

3. Fügen Sie Milch, Mehl und Salz in die Pfanne hinzu; zum Kochen bringen.

4.Reduzieren Sie die Wärme auf niedrig; abdecken und Abendessen 4 Minuten kochen.

Ernährung: Kalorien 107 Fett 3.4g Protein 4g Carb 18g

desserts

Lachs mit Pistazienrinde

Zubereitungszeit: 20 Minuten

Kochzeit: 30 Minuten

Portionen: 4

Zutaten:

- 600 g Lachsfilet
- 50g Pistazien
- Salz nach Geschmack

Wegbeschreibungen:

1. Legen Sie das Pergamentpapier auf den Boden des Korbes und legen Sie das Lachsfilet hinein (es kann ganz gekocht oder bereits in vier Portionen geteilt werden).

2. Schneiden Sie die Pistazien in dicke Stücke; Fetten Sie die Oberseite des Fisches, salzen Sie (wenig, weil die Pistazien bereits gesalzen sind) und bedecken Sie alles mit den Pistazien.

3.Stellen Sie das Gusseisen auf 1800C und köcheln Sie für 25 Minuten.

Ernährung: Kalorien 371,7 Fett 21,8 g Kohlenhydrate 9,4 g Zucker 2,2 g Eiweiß 34,7 g Cholesterin 80,5 mg

Brombeerkuchen

Zubereitungszeit: 15 Minuten

Kochzeit: 40 Minuten

Portionen: 8

Zutaten:

- Butter, zum Einfetten
- 1/2 Tasse Allzweckmehl
- 1/2 Tasse Milch
- 2 Pints Brombeeren
- 2 Tasse Zucker, geteilt
- 1 Box gekühlte Piecrusts
- 1 Stock geschmolzene Butter
- 1 Stock Butter
- Vanilleeis

Wegbeschreibungen:

1.Heizen Sie Ihr Gusseisen bei geschlossenem Deckel vor, bis es 375 Grad F erreicht.

2.Butter eine gusseiserne Pfanne.

3.Rollen Sie eine Piecrust aus und legen Sie sie in den Boden und an den Seiten der Pfanne. Verwenden Sie eine Gabel, um Löcher in die Kruste zu stechen.

4.Legen Sie die Pfanne auf den Grill und rauchen Sie für fünf Minuten oder bis die Kruste gebräunt ist. Legen Sie den Grill ab.

5.Mischen Sie 1 1/2 c. Zucker, das Mehl und die geschmolzene Butter zusammen. Fügen Sie die Brombeeren hinzu und wirf alles zusammen.

6.Die Beerenmischung sollte in die Pfanne hinzugefügt werden. Die Milch sollte danach oben hinzugefügt werden. Auf die Hälfte der gewürfelten Butter streuen.

7.Rollen Sie die zweite Tortenkruste aus und legen Sie sie über die Pfanne. Sie können es auch in Streifen schneiden und darüber weben, damit es wie ein Gitter aussieht. Legen Sie den Rest der gewürfelten Butter darüber. Den Rest des Zuckers über die Kruste streuen und die Pfanne wieder auf den Grill legen.

8.Senken Sie den Deckel und rauchen Sie für 15 bis 20 Minuten oder bis es gebräunt und sprudelnd ist. Vielleicht möchten Sie mit etwas Folie abdecken, um zu verhindern, dass es in den letzten Minuten des Kochens brennt. Den heißen Kuchen mit etwas Vanilleeis servieren.

Ernährung: Kalorien: 393 Eiweiß: 4.25g Kohlenhydrate: 53.67g Fett: 18.75g

CPSIA information can be obtained
at www.ICGtesting.com
Printed in the USA
BVHW050849110821
614094BV00003B/68